Inhaltsverzeichnis

Zucchini-Bananen-Brei mit Maisgriess

100 g	Zucchini
100 g	Wasser
10 g	Maisgrieß (Polenta)
50 g	Banane
8 g	Maiskeimöl
30 g	Apfel-Direktsaft

1 Zucchini in den Mixtopf geben, 3 Sekunden/Stufe 5 zerkleinern. Wasser, Maisgrieß und Bananenscheiben hinzufügen.

2 Inhalt 20 Minuten/100° C/Stufe 1 – 2 köcheln. Abschließend Öl und Apfelsaft hinzugießen, 1 Minute/Stufe 8 pürieren.

Möhren-Brei

500 g	Möhren
200 g	Wasser
40 g	Rapsöl

1 500 g Wasser in den Mixtopf geben, die geschnittenen Möhren in den Varoma, 30 Minuten/ Varoma /Stufe 1 garen.

2 Die Garflüssigkeit aus dem Mixtopf umfüllen. 200 g von der Garflüssigkeit wieder in den Mixtopf schütten.

3 Die Möhren und das Öl hinzugeben, 1 Minute/Stufe 10 pürieren.

MÖHREN-KARTOFFEL-BREI

100 g	Möhren	100 g	Rapsöl
50 g	Kartoffeln	30 g	Apfel - Direktsaft
70 g	Wasser		

1 Möhren und Kartoffeln in den Mixtopf, 3 Sekunden/Stufe 5 zerkleinern und in den Gareinsatz geben.

2 500 g Wasser in den Mixtopf füllen, Gareinsatz einhängen und 15 – 20 Minuten/Varoma/Stufe 1 garen. Gareinsatz entnehmen, Garflüssigkeit umfüllen.

3 Von der aufgefangenen Garflüssigkeit 70 g wieder in den Mixtopf schütten. Gegartes Gemüse, Öl und Apfelsaft dazu, 1 Minute / Stufe 10 pürieren.

Möhren-Kartoffel-Fleisch-Brei

50 g	Kartoffeln	100 g	Wasser
100 g	Möhren	10 g	Rapsöl
25 g	mageres Fleisch oder Geflügel (1 cm Würfel)	30 g	Apfel - Direktsaft

1 500 g Wasser in den Mixtopf geben Kartoffeln in den Gareinsatz füllen, Möhren in den Varoma und Fleisch auf den Varoma Einlegeboden. 25 Minuten/Varoma/Stufe 1 garen.

2 Varoma und Gareinsatz entnehmen, Mixtopf umfüllen. Von der aufgefangenen Garflüssigkeit, 100 g wieder in den Mixtopf schütten.

3 Kartoffeln, Möhren, Fleisch, Öl und Apfelsaft dazugeben und alles zusammen 1 Minute/Stufe 8-10 pürieren.

Möhren-Kohlrabi-Brei mit Hähnchenbrust

50 g	Möhren	25 g	Hähnchenbrustfilet (1 cm Würfel)
40 g	Kohlrabi		
40 g	Kartoffeln	10 g	Maiskeimöl
100 g	Wasser	30 g	Apfel - Direktsaft

1 500 g Wasser in den Mixtopf geben, Kartoffeln in den Gareinsatz füllen, Möhren und Kohlrabi in dem Varoma, Fleisch auf dem Varoma Einlegeboden verteilen. 25 Minuten/Varoma/Stufe 1 garen.

2 Varoma und Gareinsatz entnehmen, Mixtopfinhalt umfüllen. Von der aufgefangenen Garflüssigkeit 100 g wieder in den Mixtopf schütten.

3 Kartoffeln, Möhren, Kohlrabi, Fleisch, Öl und Apfelsaft dazugeben und alles zusammen 1 Minute/Stufe 8-10 pürieren.

Möhren-Apfel-Brei mit Haferflocken

100 g	Möhren
50 g	Kartoffeln
100 g	Wasser
40 g	Äpfel
10 g	zarte Haferflocken
10 g	Rapsöl

1 Möhren, Kartoffeln und Äpfel in den Mixtopf, 3 Sekunden/Stufe 5 zerkleinern und in den Gareinsatz geben. 500 g Wasser in den Mixtopf füllen, Gareinsatz einhängen und 20 Minuten/Varoma/Stufe 1 garen.

2 Gareinsatz entnehmen, Mixtopfinhalt umfüllen. Von der aufgefangen Garflüssigkeit 100 g wieder in den Mixtopf schütten. Gegartes Gemüse, Obst, Haferflocken und Öl dazugeben, 5 Minuten/90° C/Stufe 2 aufkochen und pürieren.

GURKEN-BIRNEN-BREI MIT PUTENBRUST

70 g	Salatgurke
60 g	Kartoffeln
25 g	Putenbrust (1cm Würfel)
50 g	dünner Pfefferminztee (vorgekocht)
40 g	Birne
8 g	Maiskeimöl

1 500 g Wasser in den Mixtopf geben Kartoffeln in den Gareinsatz füllen, Gurke und Birne in den Varoma, das Fleisch auf dem Varoma Einlegeboden verteilen. 25 Minuten/ Varoma/Stufe1 garen.

2 Varoma und Gareinsatz entnehmen, Mixtopf leeren. Den Tee in den Mixtopf schütten, alle anderen Zutaten dazugeben. 1 Minute/Stufe 8-10 pürieren.

Kürbis-Brei mit Reisflocken

100 g	Hokkaido – Kürbis	10 g	Reisflocken
50 g	Kartoffeln	10 g	Rapsöl
100 g	Wasser	30 g	Apfel - Direktsaft

1 Kürbiskerngehäuse herauskratzen, den Kürbis in Stücke schneiden und in den Mixtopf geben. Die Kartoffeln hinzufügen, 5 Sekunden/Stufe 5 zerkleinern.

2 Rühraufsatz einsetzen, Wasser und Reisflocken dazugeben, 20 – 25 Minuten/90° C/Stufe 2 garen.

3 Rühraufsatz entfernen, Öl und Apfelsaft hinzu, 8 - 10 Sekunden/Turbo einschalten.

Knollensellerie-Brei mit Hirse

150 g	Knollensellerie	10 g	Rapsöl
150 g	Wasser	30 g	Apfel - Direktsaft
25 g	Hirse (geschält)		

1 Knollenselleriestücke in den Mixtopf geben, 5 Sekunden/Stufe 5 zerkleinern.

2 Wasser und Hirse hinzugeben, 20 Minuten/100° C/Stufe 1–2 köcheln.

3 Öl und Apfelsaft hinzugießen, 1 Minute/Stufe 8 pürieren.

Brokkoli-Reis-Brei mit Schweinelende

25 g	Vollkorn-Langkornreis	100 g	Brokkoli
150 g	Wasser	8 g	Rapsöl
25 g	Schweinelende	30 g	Apfel - Direktsaft

1 Reis zusammen mit dem Wasser in den Mixtopf geben, 17 Minuten/90° C/Linkslauf/Stufe 1. Fleisch (in kleine Würfel) dazugeben, 5 Minuten/90° C/Linkslauf/Stufe 1 weitergaren.

2 Danach den kleingeschnittenen Brokkoli hinzufügen, 12 Minuten/100° C/Linkslauf/Stufe 1 kochen lassen. Zum Schluss das Öl und den Apfelsaft hinzufügen, 1 Minute/Stufe 10 pürieren.

Fenchel-Apfel-Brei

80 g	Fenchel	100 g	Wasser
70 g	Kartoffeln	8 g	Rapsöl
40 g	Äpfel		

1 Fenchel, Kartoffeln und Äpfel in den Mixtopf, 3 Sekunden/Stufe 5 zerkleinern und in den Gareinsatz geben. 500 g Wasser in den Mixtopf füllen, Gareinsatz einhängen und 20-25 Minuten/Varoma/Stufe 1 garen.

2 Gareinsatz entnehmen, Mixtopfinhalt umfüllen. Von der aufgefangenen Garflüssigkeit 100 g wieder in den Mixtopf schütten. Gegartes Gemüse, Obst und Öl dazu, 1 Minute /Stufe 10 pürieren.

Spinat-Kartoffelbrei

50 g	Kartoffel
100 g	frischer Blattspinat
30 g	Wasser
2 TL	ÖL
1 – 2 EL	Obstsaft (Apfel- oder Orangensaft)

1 Kartoffel schälen, in den Mixtopf geben, 5 Sekunden/ Stufe 7 zerkleinern.

2 Den Blattspinat und das Wasser zugeben, 20 Minuten/ 100° C/Stufe 1-2 kochen.

3 Jetzt noch Öl und den Saft dazu, 50 Sekunden/Stufe 8-10 pürieren.

Blumenkohl-Kartoffelbrei

50 g	Kartoffel
100 g	Blumenkohl
50 g	Wasser
2 TL	Öl
1 – 2 EL	Obstsaft (Apfel- oder Orangensaft)

1 Kartoffel und Blumenkohl in den Mixtopf geben, 3 Sekunden/Stufe 5 zerkleinern und in den Gareinsatz füllen. 500 g Wasser in den Mixtopf füllen, Garkörbchen einhängen, 20 Minuten/Varoma/Stufe 1 garen. Gareinsatz entnehmen, Mixtopfinhalt umfüllen.

2 Von der aufgefangenen Garflüssigkeit 50 g wieder in den Mixtopf schütten. 50 Sekunden/Stufe 8 – 10 pürieren. Das Öl und den Saft dazu, 3 Sekunden/Stufe 5 verrühren.

Erbsen-Haferbrei

50 g	frische oder TK - Erbsen
150 g	Wasser
20 g	Instant – Haferflocken
2 TL	Öl
1-2 EL	Obstsaft (Apfel- oder Orangensaft)

1 Erbsen und Wasser in den Mixtopf geben. 10 Minuten/100° C/Stufe 1 – 2 kochen.

2 Die Haferflocken dazugeben, 2 Minuten/50° C/Stufe 1 verrühren.

3 Jetzt nur noch das Öl und den Saft dazu, 3 Sekunden/Stufe 5 vermengen.

Pastinaken-Karotten-Hirsebrei

50 g	Pastinake
50 g	Karotte
100 g	Wasser
15 g	Instant - Hirseflocken
2 TL	Öl
1-2 EL	Obstsaft (Apfel- oder Orangensaft)

1 Pastinake und Karotte in den Mixtopf geben, 3 Sekunden/ Stufe 5 zerkleinern. Das Wasser dazu, 15 Minuten/100° C/Stufe 1 -2 kochen.

2 Die Hirseflocken hinzugeben, das Ganze 2 Minuten/70° C/ Stufe Sanftrühren. Das Öl und den Saft hinzufügen, 1 Minute/Stufe 10 pürieren.

Karotten-Kartoffel-Kalbfleisch-Brei

50 g	Kartoffel	30 g	Wasser
50 g	Karotte	2 TL	Öl
30 g	magerer Kalbstafelspitz (kleine Würfel)	1-2 EL	Obstsaft (Apfel- oder Orangensaft)

1 Kartoffel und Karotte in den Mixtopf geben, 3 Sekunden/Stufe 5 zerkleinern, Fleisch in ganz kleine Stücke schneiden und alles zusammen in den Gareinsatz geben.

2 500 g Wasser in den Mixtopf füllen, Gareinsatz einhängen und 17 – 23 Minuten/Varoma/Stufe 1 - 2 garen. Gareinsatz entnehmen, Mixtopfinhalt umfüllen.

3 30 g Wasser wieder in den Mixtopf schütten, Inhalt des Garkörbchens (Kartoffel, Karotte und das Fleisch) und Öl dazu, 1 Minute/Stufe 10 pürieren.

BIRNENMUS

100 g	Birnen
30 g	Wasser

1 Geschälte Birnenstücke in den Mixtopf geben. 3 Sekunden/10 zerkleinern.

2 Wasser dazugeben, 2 Sekunden/Stufe 6 verrühren.

3 Das Ganze 8 Minuten 90° C/ Stufe 2 aufkochen und 15 – 20 Sekunden/ Stufe 10 pürieren.

Apfelmus

100 g	Äpfel
30 g	Wasser

1 Geschälte Apfelstücke in den Mixtopf geben. 3 Sekunden/10 zerkleinern.

2 Wasser dazugeben, 2 Sekunden/Stufe 6 verrühren.

3 Das Ganze 8 Minuten 90° C/Stufe 2 aufkochen und 15 – 20 Sekunden/10 pürieren.

Brombeer-Bananen-Mus

100 g	Brombeeren
½	Banane
30 ml	Wasser

1 Brombeeren und Banane in den Mixtopf geben. 3 Sekunden/5 zerkleinern.

2 Wasser dazugeben, 2 Sekunden/Stufe 5 verrühren.

3 Das Ganze 8 Minuten 90° C/Stufe 2 aufkochen und 15 – 20 Sekunden/10 pürieren.

Pfirsich-Aprikosen-Mus

100 g	Pfirsich
1	Trockenaprikose, ungeschwefelt
50 g	Wasser

1 Pfirsich und getr. Aprikose in den Mixtopf geben, 3 Sekunden/10 zerkleinern.

2 Wasser dazugeben, 2 Sekunden/Stufe 6 verrühren.

3 Das Ganze 8 Minuten 90° C/Stufe 2 aufkochen und 15 – 20 Sekunden/10 pürieren.

Apfel-Bananen-Zwieback-Brei

1-2 Stücke ungesüßter Zwieback		50 g	Wasser
50 g	Apfel	1 Tl	Butter oder Öl
50 g	Banane		

1 Zwieback in den Mixtopf geben, 5 Sekunden/Stufe 5 zerkleinern. Apfel (geschält und entkernt) und Banane hinzufügen, 3 Sekunden/Stufe 5 zerkleinern.

2 Wasser zugeben, 3 Minuten/100° C/Stufe 1-2 aufkochen. Butter oder Öl hinzufügen, 10 Sekunden/Stufe 4 verrühren.

Feigen-Hafer-Milchbrei

20 g	Haferflocken
50 g	reife Feigen (alternativ 1 getr. Feige)
200 g	Vollmilch 3,5 % Fett

1 Haferflocken in den Mixtopf geben, 8 Sekunden/Stufe 10 zerkleinern. Feige dazugeben, 3 Sekunden/Stufe 5 zerkleinern

2 Milch zugeben, 2 Sekunden/Stufe 6 verrühren, 6 Minuten/90° C/Stufe 1-2 garen, danach das Ganze 5 Minuten/Stufe Sanftrühren und abkühlen lassen. Jetzt alles nur noch pürieren, 10 Sekunden/Stufe 10.

Bananen-Polenta

20 g	Maisgrieß (Polenta)
200 g	Vollmilch 3,5 %
50 g	Banane

1 Maisgrieß und die Milch in den Mixtopf geben. Beides zusammen kurz auf Stufe 6 aufschlagen, damit sich der Grieß vom Boden des TM löst.

2 Danach 11 Minute/90° C/Stufe 1-2 garen. Zum Schluss die Banane hinein geben, 20 Sekunden/Stufe 6 – 7 cremig schlagen.

Aprikosen-Griessbrei

30 g	Dinkelgrieß
200 g	Vollmilch 3,5 % Fett
50 g	Aprikose

1 Dinkelgrieß und die Milch in den Mixtopf geben, zusammen kurz auf Stufe 6 aufschlagen, damit sich der Grieß vom Boden des TM löst.

2 Die Aprikose entkernen und dazugeben, 11 Minute/90° C/ Stufe 1-2 garen. Jetzt noch kurz, 10 Sekunden/Stufe 10 pürieren.

Apfel-Milchreis

200 g	Vollmilch 3,5 % Fett
40 g	Milchreis
½	Apfel

1 Zuerst den Schmetterling in den Mixtopf einsetzen. Die Milch, Milchreis und den Apfel (geschält, entkernt und in kleine Stücke geschnitten) in den Mixtopf geben.

2 Alles zusammen, 30 Minuten/90° C/Stufe 1 garen. Den Schmetterling entfernen und zum Schluss nur noch alles pürieren, 10 Sekunden/Stufe 7 – 10.

Erdbeer-Melone-Zwieback

1	großer Vollkornzwieback
50 g	Wassermelone
50 g	reife, süße Erdbeeren
1 Tl	Butter oder Pflanzenöl

1 Den Zwieback in heißes Wasser legen und einweichen lassen. Melone schälen, entkernen und mit den Erdbeeren in den Mixtopf geben, 20 Sekunden/Stufe 8 – 10 pürieren.

2 Den eingeweichten Zwieback und die Butter dazugeben, kurz auf Stufe 5 verrühren. Das Ganze 3 Minuten/50° C/Stufe Sanftrühren aufwärmen.

Kirsch-Haferflockenbrei

50 g	reife Himbeeren	etwas	Wasser (25 g – 50 g)
50 g	reife Kirschen (entsteint)	1 TL	Butter oder Pflanzenöl
½	Banane		
20 g	Haferflocken		

1 Himbeeren, Kirschen und Banane in den Mixtopf. 3 Sekunden/5 zerkleinern.

2 Wasser und Haferflocken dazugeben, 2 Sekunden/Stufe 5 verrühren.

3 Das Ganze 8 Minuten 90° C/Stufe 2 aufkochen, Butter dazu und 15 – 20 Sekunden/10 pürieren.

Kürbis-Reis-Hühnchen-Brei

20 g	rundkörniger Naturreis
30 g	Hühnerbrustfilet
80 g	Wasser
100 g	Hokkaidokürbis
2 TL	Öl
1-2 EL	Obstsaft (Apfel- oder Orangensaft)

1 500 g Wasser in den Mixtopf geben, Reis in den Gareinsatz füllen, Fleisch in den Varoma legen, 25 Minuten/Varoma/ Stufe 1 garen.

2 Varoma und Gareinsatz entnehmen, Mixtopfinhalt umfüllen. Von der aufgefangenen Garflüssigkeit 80 g wieder in den Mixtopf schütten.

3 Reis, Kürbisstücke und Fleisch dazugeben, 15 – 20 Minuten/90° C/Stufe 1 köcheln. Öl und den Saft dazugeben und alles zusammen 20 Sekunden/ Stufe 7 – 10 pürieren.

FENCHEL-SEELACHS-BREI

50 g	Kartoffeln
100 g	Fenchel
30 g	Seelachsfilet ohne Gräten
50 ml	Wasser
2 TL	Öl
1 – 2 EL	Obstsaft (Apfel- oder Orangensaft)

1 500 g Wasser in den Mixtopf geben. Kartoffelstücke in den Gareinsatz füllen, den Fenchel in den Varoma geben und den Fisch auf dem Varoma Einlegeboden verteilen. 25 Minuten/Varoma/Stufe 1 garen.

2 Den Gareinsatz und den Varoma entnehmen, Mixtopfinhalt umfüllen. Von der aufgefangenen Garflüssigkeit 50 g wieder in den Mixtopf schütten. Alle Zutaten dazugeben und 20 Sekunden/Stufe 7 – 10 pürieren.

Pastinaken-Haferflockenbrei

100 g	Pastinaken, geschält
20 g	Haferflocken
100 g	Wasser
½	Apfel
2 Tl	Öl

1 Pastinake und Haferflocken in den Mixtopf geben, 3 Sekunden/Stuf 5 zerkleinern. Das Wasser dazugeben, 15 Minuten/100° C/Stufe 1 -2 kochen.

2 Die Apfelstücke hinzugeben, das Ganze 2 Minuten/70° C/Stufe Sanftrühren. Das Öl hinzufügen, 1 Minute/Stufe 10 pürieren.

Süsskartoffel-Mais-Hirsebrei

50 g	Süßkartoffeln, geschält	1-2 EL	Obstsaft (Apfel- oder Orangensaft)
50 g	TK – Zuckermais		
100 g	Wasser		
15 g	Instant – Hirseflocken		
2 TL	Öl		

1 Kartoffeln in den Mixtopf geben, 15 Sekunden/Stufe 7 – 10 zerkleinern. Mais, Wasser und Hirseflocken dazugeben, 15 Minuten/100° C/Stufe 1 – 2 garen.

2 Danach 15 Sekunden/Stufe 7 – 10 pürieren. Das Ganze auf 50° C abkühlen lassen, Öl und Saft zugeben und kurz verrühren, 5 Sekunden/Stufe 4.

Beeren-Dinkel-Milchbrei

30 g	Dinkelgrieß
200 g	Vollmilch, 3,5 % Fett
3 – 4 EL	Beerensauce

1 Dinkel in den Mixtopf geben, 20 Sekunden/Stufe 10 mahlen. Milch hinzufügen, 2 Sekunden/Stufe 6 verrühren, anschließend 8 Minuten / 90° C/Stufe 2 garen.

2 Danach 10 Sekunden/Stufe 8 pürieren. Beerensauce hinzufügen und kurz verrühren, 5 Sekunden/Stufe 4.

Pfirsich-Hafer-Milchbrei

50 g	reifer Pfirsich
20 g	Haferflocken
200 g	Vollmilch, 3,5 % Fett

1 Den Pfirsich entkernen und in den Mixtopf geben, 3 Sekunden/Stufe 5 zerkleinern. Haferflocken und Milch hinzufügen.

2 Das Ganze 10 Minuten/90° C/ Sanftrühren. Zum Schluss alles, 5 Sekunden/Stufe 5 pürieren.

Pfirsich-Dinkelbrei

20 g	Dinkelgrieß
100 g	Wasser
100 g	reifer Pfirsich
1 TL	Butter

1 Pfirsich in den Mixtopf geben und zerkleinern, 5 Sekunden/Stufe 5. Den Grieß zusammen mit dem Wasser in den Mixtopf füllen, 10 Minuten/100° C/Stufe 1 – 2 kochen.

2 Pfirsich und Butter hinzugeben und alles zusammen, 8 Sekunden/Stufe 6 – 8 pürieren.

Beeren-Haferflockenbrei

10 – 15 g	Instant-Haferflocken
100 g	Wasser
50 g	reife Erdbeeren
50 g	reife Himbeeren
1 TL	Butter

1 Haferflocken und Wasser in den Mixtopf geben, 6 Minuten/90° C/Stufe 1 – 2 kochen.

2 Erdbeeren und die Himbeeren dazugeben, 8 Minuten/100° C/Stufe 1 köcheln.

3 Alles 10 Sekunden/Stufe 5 – 7 pürieren, Butter unterrühren.

Beerensauce

100 g	frische oder TK – Beeren
30 g	Wasser

1 Die Beeren in den Mixtopf geben, 3 Sekunden/Stufe 5 zerkleinern.

2 Wasser hineinschütten, 10 Minuten/100° C/Stufe 1 kochen.

3 Jetzt noch pürieren, 30 Sekunden/Stufe 7 – 10.

Erdbeer-Rhabarber-Mus

50 g	Rhabarber
30 g	Wasser
50 g	frische süße Erdbeeren

1 Den Rhabarber in den Mixtopf geben, 10 Sekunden/Stufe 7 – 10 zerkleinern.

2 Das Wasser und die Erdbeeren hinzufügen, 10 Minuten/100° C/Stufe 1 kochen.

3 Alles zusammen pürieren, 40 Sekunden/Stufe 7 – 10.

Rote-Bete-Kartoffel-Rindfleisch-Brei

50 g	Kartoffel	1-2 EL	Obstsaft (Apfel- oder Orangensaft)
100 g	rote Bete	etwas	Wasser zum Verdünnen bei Bedarf
30 g	mageres Rindfleisch (Filet) kleine Würfel		
2 TL	Öl		

1 500 g Wasser in den Mixtopf geben. Kartoffelstücke in den Gareinsatz füllen, die rote Bete in den Varoma geben und das Fleisch auf dem Varoma Einlegeboden verteilen. 35 Minuten/Varoma/Stufe 1 – 2 garen.

2 Den Gareinsatz und den Varoma entnehmen und den Mixtopf leeren. Nun die Kartoffel, rote Bete, Fleisch, Öl und den Saft in den Mixtopf geben und alles pürieren, 40 Sekunden/Stufe 6 – 8.

Erbsen-Hirse-Lachs-Brei

100 g	Wasser	1-2 EL	Obstsaft (Apfel- oder Orangensaft)
30 g	TK - Bio-Lachs	etwas	Wasser zum Verdünnen bei Bedarf
50 g	TK - Erbsen		
15 g	Instant – Hirseflocken		
2 TL	Öl		

1 Wasser, Erbsen und den Lachs in den Mixtopf geben, 10 – 12 Minuten/Linkslauf/100° C/Stufe 1 kochen. Das Ganze, 30 Sekunden/6 - 8 pürieren.

2 Auf 50° C abkühlen lassen, Hirseflocken, Öl und den Saft hinzufügen und verrühren, 5 Sekunden/ Stufe 4.

Fenchel-Bohnen-Hirsebrei

20 g	Hirse
50 g	Wasser
50 g	grüne Bohnen (Gartenbohnen)
50 g	Fenchel
2 TL	Öl
1-2 EL	Obstsaft (Apfel- oder Orangensaft)

1 Die Hirse, Bohnen und den Fenchel in den Mixtopf geben, 10 Sekunden/Stufe 6 - 8 zerkleinern. Wasser dazu, 20 Minuten/90° C/Stufe 1 kochen.

2 Danach pürieren, 40 Sekunden/Stufe 6 – 8. Zum Schluss das Öl und den Saft hinzugeben und kurz verrühren, 5 Sekunden/Stufe 4.

Paprika-Zucchini-Polenta

50 g	Paprika
50 g	Zucchini
100 g	Wasser
15g	feiner Maisgrieß
2 TL	Öl
1-2 EL	Obstsaft (Apfel- oder Orangensaft)

1 Paprika und Zucchini in den Mixtopf geben, 3 Sekunden/Stufe 5 zerkleinern.

2 Das Wasser und den Maisgrieß dazugeben, 15 Minuten/90° C/Stufe 1 kochen.

3 Zum Schluss noch das Öl und den Saft hinzufügen, 5 Sekunden/Stufe 4 verrühren.

Brokkoli-Karotten-Reisbrei

20 g	rundkörnigen Naturreis	2 TL	Öl
50 g	Brokkoliröschen	1-2 EL	Obstsaft
50 g	Karotte		(Apfel- oder Orangensaft)
30 g	Wasser		

1 500 g Wasser in den Mixtopf geben. Reis in den Gareinsatz füllen, das Gemüse in den Varoma legen, 25 -30 Minuten/ Varoma/Stufe 1 garen.

2 Varoma und Gareinsatz entnehmen und den Mixtopf entleeren. Von der aufgefangenen Garflüssigkeit, 30 g wieder in den Mixtopf schütten.

3 Reis und Gemüse dazugeben, 10 Sekunden/ Stufe 5 – 7 pürieren. Öl und den Saft dazugeben und alles zusammen 5 Sekunden/Stufe 4 verrühren.

Kürbis-Haferflockenbrei

100 g	Hokkaidokürbis
20 g	Haferflocken
100 g	Wasser
2 TL	Öl
1-2 EL	Obstsaft (Apfel- oder Orangensaft)

1 Kürbis und Haferflocken in den Mixtopf geben, 3 Sekunden/Stuf 5 zerkleinern.

2 Das Wasser dazugeben, 15 Minuten/100° C/Stufe 1–2 kochen.

3 Das Öl und den Saft hinzufügen, 1 Minute/Stufe 10 pürieren.

Birnen-Milchreis

200 g	Vollmilch, 3,5 % Fett
25 g	rundkörniger Naturreis
50 g	Birne

1 Zuerst den Schmetterling in den Mixtopf einsetzen. Die Milch, Reis und die Birne (geschält, entkernt und in kleine Stücke geschnitten) in den Mixtopf geben.

2 Alles zusammen 30 Minuten/90° C/Stufe 1 garen. Den Schmetterling entfernen und zum Schluss nur noch alles pürieren, 10 Sekunden/Stufe 7 – 10.

Milch-Dinkel-Apfel-Brei

200 g	Vollmilch 3,5 % Fett
25 g	Instant – Dinkel – Vollkorngrießpulver
2 EL	Apfelmus

1 Die Milch in den Mixtopf geben und auf 50° C/Sanftrühren erhitzen.

2 Den Schmetterling einsetzen, 1 Minute/Stufe 1 stellen und währenddessen das Grießpulver hinzufügen.

3 Das Apfelmus unterrühren, 5 Sekunden/Stufe 4.

Milch-Hirse-Pfirsich-Aprikosen-Brei

200 g	Vollmilch 3,5 % Fett
25 g	Instant – Hirseflocken
2 EL	Pfirsich-Aprikosen-Mus

1 Die Milch in den Mixtopf geben und auf 50° C/Sanftrühren erhitzen.

2 Den Schmetterling einsetzen, 1 Minute/Stufe 1 stellen und währenddessen das Grießpulver hinzufügen.

3 Das Mus unterrühren, 5 Sekunden/Stufe 4.

Kürbis-Puten-Nudel-Brei

20 g	Hartweizennudeln	30 g	Wasser
70-100 g	Hokkaidokürbis	2 TL	Öl
30 g	mageres Putenfleisch	1-2 EL	Obstsaft

1 500 g Wasser in den Mixtopf geben. Nudeln in den Gareinsatz füllen, den Kürbis in den Varoma geben und das Fleisch auf dem Varoma Einlegeboden verteilen. 25 Minuten/Varoma/Stufe 1 garen.

2 Den Gareinsatz und den Varoma entnehmen, Mixtopf leeren. Von der aufgefangenen Garflüssigkeit 30 g wieder in den Mixtopf schütten. Alle Zutaten dazugeben und 20 Sekunden/Stufe 7 – 10 pürieren.

Obst-Getreide-Brei

100 g	frisches Obst der Saison
100 g	Wasser
10-15 g	Instant - Vollkorngrießpulver, Hirse- oder Haferflocken (fein löslich, speziell für Babnahrung), ungesüßter Zwieback oder Babykeks
1 TL	Butter oder Öl

1 Das Obst vorbereiten und in den Mixtopf geben, 3 Sekunden/Stufe 5 zerkleinern.

2 Wasser und Getreide hinzufügen, 5 Minuten/90° C/Stufe 1 kochen.

3 Jetzt das Öl oder die Butter hinzugeben, 5 Sekunden/Stufe 4 verrühren.

Zucchini-Blumenkohl-Brei mit Hirseflocken

50 g	Kartoffeln
100 g	Zucchini
40 g	Blumenkohl
100 g	Wasser
10 g	Hirseflocken
8 g	Rapsöl
30 g	Apfel-Direktsaft

1 Kartoffeln in den Mixtopf geben, 3 Sekunden/Stufe 5 zerkleinern. Zucchini, Blumenkohl, Wasser und Hirseflocken dazugeben, 15 Minuten/100° C/Stufe 1 – 2 garen.

2 Danach 15 Sekunden/Stufe 7 – 10 pürieren. Das Ganze auf 50° C abkühlen lassen, Öl und Saft hinzufügen und kurz verrühren, 5 Sekunden/ Stufe 4.

Romanesco-Brei mit Couscous

100 g	Romanesco	40 g	Äpfel
100 g	Wasser	8 g	Rapsöl
50 g	Möhren-Direktsaft		
20 g	Couscous		

1 Romanesco in kleine Röschen teilen und in den Mixtopf geben, 3 Sekunden/Stufe 5 zerkleinern. Wasser und Möhrensaft hinzufügen, 10 Minuten/100° C/Stufe 1 kochen.

2 Couscous und Äpfelstückchen zugeben 10 Minuten/50° C/ Stufe Sanftrühren. Das Ganze pürieren, 45 Sekunden/Stufe 7 - 8. Öl hineingeben und kurz verrühren, 5 Sekunden/ Stufe 4.

Dinkel-Hafer-Schmelzflocken-Brei mit Obstmus

10 g	Dinkel-Hafer-Schmelzflocken
50 g	Wasser
50 g	Milch
10 g	Obstmus

1 Schmelzflocken, Wasser und Milch in den Mixtopf geben. Schmetterling einsetzen und das Ganze 90° C/Stufe 1–2 verrühren und köcheln.

2 Den Schmetterling wieder entfernen. Das Mus zufügen, kurz verrühren, 5 Sekunden/Stufe 4.

Bananaccino

150 g	Milch
50 g	Banane
10 g	Instant - Haferflocken

1 Die Milch und Banane in den Mixtopf geben, 30 Sekunden/Stufe 7-10 pürieren.

2 Haferflocken hineingeben, kurz aufkochen, 3 Minuten 70° C/Stufe 1.

3 Alles zusammen nochmal pürieren/aufschäumen, 30 Sekunden/Stufe 7-10.

Beerenstarkes Müsli

50 g	TK-Beeren ohne Zuckerzusatz	15 g	zarte Haferflocken
150 g	Naturjoghurt 3,5 % Fett		

1 Beeren auftauen lassen und in den Mixtopf füllen.

2 Joghurt dazu geben und pürieren, 1 Minute/Stufe 7–10.

3 Haferflocken untermischen, 20 Sekunden/Stufe 4.

Griess-Brei mit Heidelbeeren

50 g	TK- Heidelbeeren ohne Zuckerzusatz
100 g	Wasser
20 g	Grieß, z.B. Vollkorn- o. Dinkelgrieß
1 TL	Rapsöl

1 Die Heidelbeeren auftauen lassen, in den Mixtopf füllen und pürieren, 1 Minute/Stufe 7-10. Den Schmetterling einsetzen. Das Wasser und den Grieß dazugeben und verrühren, 10 Sekunden/Stufe 4.

2 Kurz aufkochen lassen, 3 Minuten/70° C/Stufe 1. Den Schmetterling entfernen, Öl hinein geben und alles zusammen pürieren, 40 Sekunden/Stufe 7-10.